TRAITÉ PRATIQUE

DE

PHOTO-MINIATURE

CONTENANT

SON HISTORIQUE, LES DIVERS PROCÉDÉS EMPLOYÉS

ET LES PRINCIPES DU COLORIS

DU MÉLANGES DES COULEURS APPLIQUÉES A CE GENRE

PAR

ÉDOUARD LE BLANC

PEINTRE ET RETOUCHEUR

« C'est la couleur qui donne l'existence
au portrait. »

⸻

2 francs 50 cent.

⸻

PARIS

SE VEND CHEZ L'AUTEUR

Rue des Dames, 7, Batignolles

et chez BAUR, Fournitures photographiques. Dépositaire

RUE DE VALOIS, 8, PALAIS-ROYAL.

—

1860

Paris. — Imp. Ém. VOITELAIN et Cᵉ, rue J.-J. Rousseau, 61.

INTRODUCTION

Le traité de miniature photographique que je viens soumettre aux artistes photographes, n'a pas la prétention d'être un opuscule scientifique. Entrer dans les détails de la peinture à l'aquarelle et à l'huile, de l'importance acquise depuis quelques années par les portraits à l'huile, dont l'épreuve photographique a été la simple esquisse, est bien loin de ma pensée.

Ce que je désire, c'est mettre à la portée de tout le monde un moyen prompt et facile d'obtenir, avec l'épreuve noire sur papier, un portrait vivant par le relief, la profondeur des ombres et la finesse transparente des chairs.

Tout ce travail, qui s'appuie d'une opération mécanique, peut être exécuté par l'artiste photographe qui réunit, d'avance, les deux qualités essentielles : le goût et l'adresse de main.

Combien de photographes, après avoir donné tous leurs soins à la confection du cliché et au tirage des épreuves, n'ont-ils pas dû, d'après le désir de la clientèle, mettre leur travail entre les mains de retoucheurs qui, bien que très-adroits, altèrent plus ou moins la ressemblance, lorsqu'ils ne gâtent pas complétement le portrait. Ce n'est point de ma part une critique malveillante, mais le

retoucheur n'a presque jamais l'occasion de voir le
modèle et de se rendre compte de l'expression de
la physionomie. Un malheureux coup de pinceau
qui éteint ou illumine l'œil, suffit donc pour que
ce travail hétérogène laisse le photographe gêné
auprès de ses clients, mécontents d'abord et perdus
certainement dans l'avenir.

L'idée première du procédé qui va faire l'objet
de ce petit livre date déjà de plusieurs années.

Un artiste anglais du nom de *Wilson*, réputé
comme opérateur daguerrien, avait suivi le progrès
et s'était donné tout entier à la photographie sur
papier, dont les commencements furent si péni·
bles. Les résultats obtenus étaient loin d'avoir le
fini auquel on parvient actuellement. Chercheur in-
fatigable et observateur consciencieux, le hasard
devait le favoriser. Une épreuve, rejetée comme
trop noire, se trouva, on ne sait comment, tachée
d'huile sur la partie comprenant la tête du portrait.

La transparence existait et donnait aux traits
la couleur du dessous sur lequel reposait la feuille.
Surpris tout d'abord de l'intensité de couleur obtenue, M. Wilson voulut profiter du fait qui se pré-
sentait à lui.

Il remarqua que l'image était devenue plus
douce, plus harmonieuse de tons. De là à chercher
un perfectionnement il n'y avait qu'un pas, il le
franchit. Il abandonna tout d'abord l'huile, se servit de cire vierge bien épurée, et employée, non par
immersion de l'épreuve, mais par simple applica-

tion à chaud, sur le côté opposé à l'image. Il évitait ainsi le voile blanchâtre qui se produit, lors du séjour de la cire sur l'albumine (1). Malheureusement, toutes ces études ne lui donnaient pas le résultat qu'il espérait. L'huile, la cire conservaient toujours un aspect graisseux ; de plus, au bout de quelque temps, l'huile noircissait, la cire prenait une teinte jaunâtre, l'épreuve était perdue. De guerre lasse, il laissa de côté, et bien à regret, tous ses premiers travaux, livrant à de plus heureux ou plus patients le champ libre, pour mener à bonne fin ces essais peu flatteurs, au point de vue artistique qu'il envisageait.

En Allemagne et en Belgique, on faisait depuis longtemps des épreuves retouchées à l'huile par le procédé au vernis.

Je l'indique en quelques mots :

Tendue sur un châssis, l'épreuve était enduite par derrière d'un vernis très-fluide passé légèrement avec un blaireau. Une, deux, trois couches étaient successivement appliquées. Une transparence vitreuse était ainsi obtenue, et l'artiste, empâtant sur le verso, voyait la teinte, d'abord excessivement crue, prendre sur le côté opposé une douceur inespérée, par suite de l'interposition du vernis et du papier lui-même.

De cette époque date ce genre de travail, don-

---

(1) Le procédé a, du reste, été repris vers 1857 et avec plus de succès par un peintre photographe, M. E. Pinot.

nant des dessins coloriés, que l'on appendait aux fenêtres. Comme le dessin était devenu cassant par le fait du vernis employé, on collait l'épreuve sur une feuille de verre, sans tenir compte de quelques bulles d'air qui pouvaient s'y trouver formées. A la transparence, il n'en existait nulle trace, et le but était rempli.

Plus tard on perfectionna ce procédé, et l'on s'en servit pour le décalquage des lithographies.

Je vais donner cette méthode en quelques lignes, dans l'intention de laisser aux personnes qui ne la connaîtraient pas, le plaisir d'en faire quelques essais agréables comme intérêt et distraction.

On prend un verre de la grandeur de la lithographie à peindre. Après l'avoir nettoyé avec autant de soin qu'une glace photographique, on y verse une petite quantité de *térébenthine de Venise* (matière résineuse découlant du Pinus Larix). La lithographie a dû être trempée pendant une bonne heure dans de l'eau pure et essuyée entre deux feuilles de papier buvard. Placer alors le verre au-dessus d'un feu très-faible et sans flamme, en étendant sur toute sa surface la térébenthine, alors très-fluide, par des mouvements lents et réguliers. Saisir par deux angles opposés la lithographie et l'appliquer du côté de l'impression, en laissant s'appliquer délicatement le papier. Éviter toute interposition d'air qui formerait élevure ; tamponner au besoin légèrement avec un peu de coton cardé.

Lorsque l'épreuve sera ainsi bien collée, on enlèvera, la feuille étant encore humide, tout le papier, en frottant avec le doigt; continuer jusqu'à ce qu'il ne reste plus que la silhouette du dessin qui fait alors corps avec la résine adhérente au verre.

On laisse bien sécher (vingt-quatre heures suffisent largement), et l'on y passe alors un petit linge imbibé d'essence de térébenthine jusqu'à ce que l'on obtienne une transparence parfaite. On se sert alors de couleurs à l'huile par les procédés de la peinture lithocromique ou plutôt isocromique, puisque l'on peut ainsi colorier des gravures noires, copies de tableaux.

De ce dernier procédé a dérivé tout naturellement la *photo-miniature* dont nous allons nous occuper dans les pages suivantes.

Le nom d'invention ne peut être appliqué à ce genre; chacun a donné sa petite pierre à l'édifice qui, je l'espère, se complétera de jour en jour par des facilités nouvelles dans le travail, soit par un perfectionnement de l'emploi des couleurs d'aquarelle sur le papier albuminé, soit par une simplification obtenue au moyen des épreuves photographiques.

Nul ne saurait peindre s'il n'a fait de longues études du dessin; il est cependant bien permis aux moins habiles de vouloir obtenir par des moyens factices des résultats qui satisfassent les yeux. Ce premier pas les engagera à une assiduité d'étude plus sérieuse, qui par cet acheminement se présentera sous la forme d'un plaisir nouveau.

La photographie donne le dessin régulier, les ombres donnent l'illusion du relief; si donc on peut y ajouter la couleur, de façon à conserver les ombres avec la juste valeur de profondeur et de dégradation des teintes, on aura le portrait vivant.

Bien loin de nous l'intention de mettre cette distraction avec les travaux sérieux de nos grands miniaturistes ; que les mânes d'Isabey père, Mme de Mirbel, Mme Herbelin, Milet, etc., etc..., nous pardonnent! mais nous ne sortons de la voie qu'ils out tracée que pour suivre le grand courant que l'on nomme le Progrès et qui nous a doté de tant de merveilles dans ce dix-neuvième siècle.

Il est maintenant bien rare de peindre un portrait à l'aquarelle et l'usage est la seule excuse que je sache qu'on en puisse donner. Beaucoup diront que la miniature à l'huile est bien préférable; que les couleurs à l'huile sont plus durables que les couleurs à l'eau. C'est là qu'existe l'erreur, surtout pour la photographie.

Un portrait peint à l'huile changera et deviendra jaune peu d'années après qu'il aura été exécuté, tandis que nous voyons des manuscrits enluminés dont l'existence date de plus de cinq cents ans et dont les couleurs sont aussi fraîches et vigoureuses qu'elles l'étaient en les employant. L'étonnement cesse, quand on considère que les couleurs à l'aquarelle sont délayées et étendues avec un fluide pur et inaltérable, qui s'évaporant à mesure que les couleurs sèchent, les laissent dégagées de tout corps étranger qui pourrait les endommager et telles qu'elles étaient au moment où on les broyait; tandis, qu'au contraire, les couleurs à l'huile sont intimement liées avec un corps qui ne peut que changer et jaunir avec le temps et altérer par suite le ton du portrait.

Ce changement est appelé *moelleux* par les *amateurs de peinture*. C'est d'un grand secours pour certains peintres qui avec les couleurs à l'eau n'en posséderaient jamais.

Dans l'objet qui nous occupe, nous réconcilions le peintre miniaturiste avec le photographe.

L'inaltérabilité obtenue par le moyen que nous employons pour la photographie, lui donne droit à être miniaturée. Le travail exécuté différemment péchera toujours par la base; car la photographie se détruit à la longue en perdant son modelé qui semble s'évaporer avec le temps, tandis que la retouche résiste. Ici cette crainte n'existe plus. Le portrait est, par les produits employés, à l'abri de l'influence de l'oxygène de l'air, ce grand ennemi des portraits photographiques. Les couleurs appliquées ne peuvent, par leur nature même, subir aucune atteinte. Espérons donc, dans un avenir prochain, voir le succès et le progrès de cette combinaison, profitable à la fois, et aux artistes peintres ou photographes, et au nombreux public qui forme leur clientèle.

TRAITÉ PRATIQUE

DE

PHOTO-MINIATURE

Couleurs employées dans la retouche photographique

Depuis quelques années les chimistes se sont préoccupés de mettre à la portée des photographes des couleurs vives, brillantes, à l'emploi facile et présentant des qualités de stabilité réelle.

C'est ainsi qu'ont été préconisées les couleurs *végétales* et celles à base *d'aniline.* Les conditions premières se trouvaient remplies. Il n'en était malheureusement pas de même de la dernière.

Le dissolvant était toujours l'alcool plus ou moins mitigé d'eau et d'acide acétique. Quelques jours d'insolation suffisaient pour faire passer le brillant coloris, et l'épreuve retouchée prenait une teinte terne et sale. C'était un nouveau travail à refaire ou un mécontent de plus dans l'acquéreur.

Ce n'est que dernièrement qu'un chimiste distingué a trouvé le moyen de combiner des couleurs à base végétale avec de l'albumine liquéfiée. Les résultats obtenus sont, jusqu'à présent, assez satisfaisants. Les couleurs se délaient bien et ont un mordant qui en rend l'emploi commode sur toute espèce de papier, entre autres, et c'est l'essentiel, le papier albuminé.

Espérons que la science n'a pas dit son dernier mot, et que sa palette encore un peu défectueuse dans certaines teintes se complétera bientôt en nombre et en qualité.

Quant à nous, nous déclarons nous en tenir aux vieux errements et préconiserons toujours les pastilles et pains de couleurs à l'eau, dont l'usage un peu plus difficile, il est vrai, donne au moins des garanties de durée et de solidité.

Couleurs nécessaires.

1. Blanc d'argent.
2. Noir d'ivoire ou de lampe.
3. Vermillon de Chine.
4. Rouge de Saturne.
5. Carmin.
6. Terre de Sienne brûlée.
7. Terre de Sienne naturelle.
8. Sépia.
9. Bleu de Prusse.
10. Outremer.
11. Vert minéral ou vert émeraude.
12. Gomme gutte.
13. Jaune indien.
14. Jaune de Naples.

Ces couleurs se trouvent chez tous les marchands de couleurs fines, mais j'engagerai à s'adresser de préférence aux grandes maisons.

Je recommande cependant les couleurs anglaises de Newman et de Rowney, qui, par un broyage mieux fait, donnent une facilité plus grande lorsqu'il s'agit de les délayer.

Pour faire reconnaître sous leurs noms anglais les couleurs dont nous avons besoin, voici la traduction des noms français désignés plus haut et dans l'ordre donné :

1. Flake white.
2. Ivory black ou lamp black.
3. Chinese vermillon.
4. Red Lead.
5. Carmine.
6. Burnt Sienna.
7. Raw Sienna.
8. Sépia.
9. Prussian blue.
10. Ultra marine.
11. Emérald green.
12. Camboge.
13. Indian yellow.
14. Nˢ yellow.

Ces quatorze couleurs, par leurs combinaisons. donneront toutes les teintes désirables, en se rendant compte par tâtonnement de l'intensité de tons que l'on désire.

En dehors de ces couleurs en pastilles ou pains durs, j'engagerai à se procurer spécialement les *couleurs moites* de MM. Rowney de Londres, qui se trouvent en godets ou en tubes.

Ces couleurs se conservent indéfiniment à l'état de moiteur et donnent des tons plus brillants que les tablettes. La maison Baur, au Palais-Royal, en a depuis peu le dépôt.

Choix des pinceaux.

Les pinceaux sont les mêmes que pour l'aquarelle. Ils sont en martre ou en petit gris. Il faut en acheter de plusieurs grosseurs, un peu fournis, assez longs, peu de ventre. et formant bien la pointe.

Pour choisir le pinceau, il faut le tremper dans un verre d'eau, puis le taper un peu fortement sur le bord du verre. Si, par la secousse, une pointe bien nette est ressortie, le pinceau sera bon.

On peut encore, une fois humecté, le faire rouler de la main droite sur la paume de la main gauche, et remarquer si la pointe se forme bien par ce mouvement de rotation.

Si, en essayant sur la main la pointe d'un pinceau, quelques poils se détachaient du centre commun, il faut le mettre sans hésiter au rebut.

Il est utile d'avoir toujours deux pinceaux à chaque hampe.

L'un des pinceaux servira à étendre la couleur et l'autre à la fondre.

De leur conservation.

Si on laisse les pinceaux à la poussière, ou si on ne s'en sert pas tous les jours, ils finissent par se ronger par la pointe. Il sera donc bon de les bien laver et rincer après le travail, et les renfermer, une fois desséchés, dans une boîte qui contienne du tabac ou soit imprégnée de son odeur.

Ajouter dans cette boîte un morceau d'alun. Ces précautions suffisent pour les tenir à l'abri des mites invisibles qui rongent les poils et ne laisseraient, si on leur en donnait le temps, que les hampes et les tuyaux.

Conditions à remplir par l'épreuve photographique.

Autant que possible, choisir une épreuve tirée sur papier albuminé mince. (Je recommande le papier albuminé, comme donnant plus de netteté dans les traits). Éviter qu'il se trouve dans l'intérieur des parties plus ou moins épaisses ou serrées qui, lors du travail, donneraient des défauts dans la transparence.

Bien remarquer si quelques points blancs ne se trouveraient pas dans la photographie. Avoir alors bien soin de les reboucher à la couleur à l'eau, un

peu plus pâle que l'épreuve elle-même ; la couleur
se fonce par la préparation et devient de même intensité que le reste du portrait. Je renvoie pour ce
petit détail de retouche en noir, aux opuscules spé-
ciaux et n'en parle que pour les amateurs, les photographes ne livrant jamais les épreuves sans prendre le soin que je viens d'indiquer.

Éviter autant que possible les épreuves encausti-
quées. La cire ayant une tendance à passer au jaunâtre, pourrait contrarier la blancheur transparente
que l'on veut obtenir.

Dans ce dernier cas, une immersion de quelques
minutes, dans l'essence de térébenthine rectifiée et
l'essuyage léger au papier de soie, suffit pour parer
à cet inconvénient.

Produits et ustensiles à employer.

Avant de commencer l'opération, je vais indiquer
les différents produits et objets dont il est bon de
se munir et que l'on doit avoir sous la main.

D'abord, en fait d'ustensiles : Un *bain-marie* de
la grandeur de l'épreuve destinée à être miniaturée.
Le bain-marie peut être tout simplement composé
de deux capsules en porcelaine à fond plat, de grandeurs différentes.

Comme chauffage, employer la lampe à esprit-
de-vin ou un feu léger de braise ou charbon de bois.
Soit donc *lampe à esprit-de-vin avec trépied* ou petit
fourneau portatif en fer ou terre rouge ;

Une baguette de verre ou agitateur;

Une petite *pince en bois*.

Comme produits, il faut avoir en flacon, *de la cire chromotype toute préparée*, ou les ingrédients divers qui doivent entrer dans la composition, si on désire la composer soi-même. (J'en donnerai plus loin la formule.

Un flacon d'essence de lavande ou huile d'aspic. (Cette essence d'une force très-grande comme dissolvant est d'un emploi continuel.)

Un flacon d'essence de térébenthine rectifiée, bien pure et bien limpide.

Les *verres bombés* de la grandeur du portrait que l'on désire faire. Pour chaque portrait nous en employons *trois* qu'il faut choisir de courbe bien identique et s'appliquant, par suite, bien exactement les uns sur les autres.

Une paire de ciseaux.

Un canif.

Préparation du bain et manipulation du collage de l'épreuve.

La grande capsule du bain-marie étant disposée sur le fourneau et l'eau déjà tiède, on y plonge le flacon de cire chromotype, de façon à liquéfier la quantité nécessaire à l'immersion de l'épreuve. Cette partie est alors versée dans la petite capsule, qui elle-même est replacée dans la grande pour constituer le bain-marie ordinaire.

Le verre supérieur étant choisi, on l'applique sur l'image de façon à donner à celle-ci la position qu'elle doit occuper une fois encadrée.

Avec les ciseaux, on rogne alors l'excédant du papier. L'épreuve étant ainsi coupée de grandeur, on l'immerge dans le bain liquide de la petite capsule, et l'on passe au nettoyage du verre sur lequel elle doit être appliquée.

Ce nettoyage, auquel il faut apporter tous ses soins doit être fait d'abord à l'essence de térébenthine, puis à l'essence de lavande. Il sera complété par un coup de peau chamoisée donné avec vigueur dans la partie concave.

La question de propreté de la glace est, du reste, essentielle comme celle de la cire. Celle-ci, si quelques impuretés ou grains de poussière s'y trouvaient en suspension, devra être filtrée sur un morceau de flanelle que l'on rejette ou que l'on conservera à l'abri de toute poussière, si on veut s'en servir plus tard.

Il faudra observer avec le plus grand soin la demi-cuisson qui est donnée par le bain-marie.

Retirer de temps en temps l'épreuve. En regarder la transparence d'abord au jour, puis en l'opposant à un dessous noir. Le résultat réel ne sera obtenu que lorsque tous les grains du papier seront parfaitement imbibés. On le saura lorsque, par l'opposition noire, n'apparaîtra aucun petit point blanc.

On fait alors chauffer le verre à 35 ou 40 degrés,

en le présentant à la chaleur de la lampe ou du fourneau.

Manipulation du collage.—Les conditions indiquées
étant remplies, saisir avec la pince l'épreuve du
bain, laisser égoutter le mieux possible : puis, appliquer sur la concavité du verre l'image telle qu'elle
doit être vue, par conséquent du côté de l'albumine.

La chose est facile à reconnaître. L'albumine a
par la chaleur la propriété de se contracter et replier
sur elle-même. Elle se trouve donc à l'intérieur du
petit rouleau formé.

Ce côté est alors étendu avec soin par la main
droite sur le verre tenu par la main gauche, en l'appliquant le mieux possible.

Retournez alors le verre, l'épreuve sera donc en
dessous, et remarquez-bien les endroits, où il n'y a
pas d'adhérence ou excédant de cire.

Avec l'ongle du pouce on presse alors le papier
contre le verre, sans crainte d'appuyer. Le mouvement de frottement doit toujours être fait en se
rendant du centre à la circonférence. Lorsque les
bulles les plus grandes ont disparu, présentez le
verre au jour, en faisant frapper les rayons lumineux obliquement à la surface. Les moindres défauts
du collage se verront alors avec la plus grande facilité, et avec l'ongle vous reprendrez alors sur les
endroits défectueux. — Satisfait du collage, vous
laissez alors sécher. Une heure suffit et au delà
pour le durcissement de la cire. On s'en aperçoit,
du reste, lorsqu'au toucher elle ne poisse plus sous

le doigt. Vous pouvez alors procéder au nettoyage.

Opérez en commençant par la convexité, en frottant avec un petit linge imbibé d'essence de térébenthine, jusqu'à disparition de la cire en excès et netteté parfaite.

Vous regardez alors, si aucun petit défaut n'a échappé à votre œil ; dans le cas où quelques points subsisteraient encore, chauffer très-doucement à la flamme de la lampe la partie en question, en dirigeant la chaleur toujours du centre à la circonférence et sur une largeur aussi petite que possible. L'ongle du pouce viendra compléter la rectification et anéantir le défaut.

Vous nettoierez alors le papier lui-même avec un chiffon à peine humide d'essence de lavande. Cette faible quantité suffira pour dissoudre les parties plus épaisses laissées près des passages de l'ongle. Avec l'essence de térébenthine, vous achèverez jusqu'à ce que le papier soit mis juste à découvert.

Comme on doit peindre sur cette partie nettoyée, il faut ne rien négliger pour qu'aucun corps gras ou vernis ne vienne entraver le travail du pinceau.

N. B. — Comme les doigts se trouvent dans cette opération continuellement agglutinés par la cire que l'on fait ressortir, il est bon de se les rendre nets, en se les frottant avec un peu d'essence de térébenthine et en les essuyant sur un linge qui en contient lui-même.

Ce que vous tenez entre les mains est la chose principale, à laquelle il faut, par conséquent, apporter tous ses soins et ne rien négliger d'aucune manière.

Ce collage a, sur celui que j'indiquerai plus loin, l'avantage d'être rapidement sec et de permettre de livrer le soir un portrait commandé le matin.

**Précautions à prendre. — Accidents à éviter.
Moyens d'y remédier.**

Un accident qu'il faut éviter et auquel on doit prendre garde, c'est que quelques gouttes d'eau ne soient projetées par l'ébullition dans le bain de cire. Cette faible quantité formerait sur l'épreuve une ou plusieurs taches blanches, dans lesquelles ne pénétrerait plus la cire et qui resteraient alors d'un blanc mat.

Le seul remède est de retirer alors l'épreuve, l'essuyer tant bien que mal et la laver dans de l'essence rectifiée. La cire sera dissoute et le papier redeviendra comme avant l'opération. Vous le plongerez alors dans un peu d'alcool à 40°. Une fois séché entre deux feuilles de papier buvard, vous recommencerez l'opération, après avoir décanté la cire pour faire disparaître l'eau que son poids a entraîné au fond de la capsule.

Une précaution dont je ne parle que pour mémoire est de se méfier du contact de la flamme avec le bain qui, composé d'essences volatiles et résineuses, prendrait feu immédiatement.

Ce serait une perte sèche. En éteignant, des parcelles de noir de fumée voltigeant dans l'air, retomberaient dans le liquide et seraient impossibles à enlever.

Composition du bain.

Le bain dont je me sers et qui m'a donné les meilleurs résultats, est ainsi composé :

Baume du Canada . .	70 parties (en volume).
Mastic en larmes (dissous dans le quart de son poids d'huile d'aspic)	15
Spermaceti ou blanc de baleine	15
	100 parties.

Je dis parties en volume et non en poids, car le blanc de baleine étant une substance des plus légères, se trouverait en trop forte quantité et affaiblirait les propriétés d'adhérence et de transparence que nous devons obtenir.

Je vais, pour la facilité d'achat de ces substances, donner quelques indications pour en reconnaître la qualité et tenir l'acquéreur à l'abri des falsifications.

Quelques notions sur les produits employés.

La question de pureté des produits est en toute manipulation minutieuse une question essentielle.

Je crois donc être agréable au lecteur par ces quelques notes.

Baume du Canada. — Le baume du Canada est une térébenthine qui découle naturellement ou par incision d'un pin originaire du Canada. L'odeur du baume épuré n'est pas désagréable comme celle des térébenthines ordinaires.

Pour l'usage qui nous occupe, il doit être du jaune d'une topaze très-claire, d'une consistance fortement sirupeuse et donner naissance à de longs filaments, lorsque le doigt appliqué sur une petite partie en est écarté lentement.

Sa transparence doit être parfaite. Il faut se méfier des baumes vendus bon marché. Ils sont généralement plus fluides, et cela aux dépens de leur qualité. Il est, du reste, facile à l'odeur de reconnaître s'il est mêlé d'essence liquide.

C'est la volatilisation ou la résinification de l'huile essentielle qui, à l'air, fait prendre plus de consistance au baume du Canada.

Le baume du Canada est sensible à l'air qui le fait tirer au brun foncé.

Mastic en larmes. — Cette résine découle d'incisions faites au térébinthe lentisque (*pistacia lentiscus* de Linnée). Elle se présente sous forme de

larmes d'un blanc légèrement jaunâtre, tantôt
aplaties et tantôt sphériques. La surface en est légèrement farineuse, à cause de la poussière provenant du frottement continuel des morceaux.

Pour que la qualité en soit belle, il faut que les
larmes soient fragiles, à cassure vitreuse et sa
transparence légèrement opaline.

L'odeur doit en être douce et agréable et la saveur aromatique. Elle doit sous la dent se ramollir
et posséder certaine ductilité.

Spermaceti ou blanc de baleine. — Cette matière
est une substance grasse intermédiaire entre le suif
et la cire. Elle se trouve en dissolution dans une
huile grasse qui entoure le cerveau du *cachalot* et
non de la baleine et de quelques autres poissons.

Le blanc de baleine produit sous le doigt l'impression d'un savon dur.

On le trouve dans le commerce en masse solide,
d'un blanc éclatant. Il est formé par la réunion de
petites écailles luisantes, blanches, translucides,
nacrées et onctueuses au toucher. Sa cassure est
cristalline et lamelleuse. Il est fusible à 45° et se
dissout dans les huiles, l'éther et l'alcool bouil-
lant.

En exigeant seulement de la blancheur, on est
sûr de la qualité, cette substance se trouvant dans
le commerce toujours à l'état de pureté.

Essence de térébenthine. — L'essence de térébenthine dont vous devez vous servir devra être d'une
limpidité parfaite. Celle que l'on trouve chez les

marchands de couleurs tire ordinairement sur le jaune.

Gardez-vous bien d'en acheter à moins que vous ne désiriez la consacrer au nettoyage des verres bombés et de vos doigts.

Comme cette essence doit servir à imbiber du papier, il faut exiger d'elle une transparence comme celle de l'eau filtrée.

Le bon travail ne se fait jamais qu'avec de bons produits.

Cette essence de térébenthine parfaitement rectifiée a, du reste, l'avantage de répandre une odeur beaucoup moins forte et moins désagréable que celle qui sert en mixtion dans les couleurs à l'huile communes.

Le prix de cette substance est peu élevé. Aussi fera-t-on bien de ne pas la ménager et de se défaire de toute celle qui aura servi une seule fois, ou de l'employer à tout autre usage que la photo-miniature.

Une remarque pour le lecteur est de conserver les flacons toujours parfaitement bouchés. L'oxygène de l'air attaque vivement l'essence de térébenthine, et la fait passer à l'état d'*essence grasse*. En cet état elle ne ferait que contrarier le travail au lieu d'y aider.

Essence de lavande ou huile de spic ou d'aspic. — Cette essence provient de la distillation des sommités fleuries de la lavande commune ou lavande spic. Elle est liquide, jaunâtre, d'une odeur fort agréable, d'une saveur chaude et amère due au camphre qu'elle contient.

On la mélange frauduleusement avec de l'essence de térébenthine dont le prix est moins élevé. L'odeur suffit pour reconnaître cette fraude. Les flacons doivent être tenus parfaitement bouchés; cette essence est assez volatile pour que le contact de l'air lui soit très-préjudiciable au point de vue de la qualité.

Il sera toujours important pour l'acquéreur de s'informer si les différentes substances dont je viens de parler sont de préparation récente.

Deuxième manière d'obtenir le collage.

Avant de passer à l'explication du travail complémentaire, le coloris des épreuves, je vais indiquer le second mode d'opérer pour obtenir le même résultat que celui déjà indiqué.

Ce collage est comme transparence presque identique avec le premier, mais a le désagrément d'exiger un temps assez long pour le séchage.

Il faudra donc mettre le verre préparé à l'abri de toute poussière, qui viendrait immédiatement faire corps avec le vernis et produirait lors du nettoyage, une surface dont l'homogénéité de translucidité serait perdue.

Le bain-marie devient ici complétement inutile. La lampe à esprit-de-vin suffira seule.

Il faut d'abord avoir un vernis dont voici la composition, que l'on pourra faire varier selon que l'on désirera l'obtenir plus ou moins épais :

Baume du Canada . . . .   70 parties.
Mastic en larmes. . . . .   30 parties.

Faire fondre le mastic en larmes dans une faible quantité d'essence de lavande. Puis au bain-marie, incorporer le produit obtenu avec le baume du Canada. Filtrer et tenir dans un flacon à large tubulure bien bouché.

Pour préparer son premier verre, on devra opérer comme précédemment, c'est-à-dire : nettoyage du verre, calibre de l'épreuve.

La feuille une fois coupée de grandeur, l'opérateur devra se munir d'une soucoupe ou d'une assiette.

Placer dans cette soucoupe le portrait tout préparé et le recouvrir d'essence de térébenthine rectifiée jusqu'à ce qu'il y baigne en entier. Cette immersion devra durer une bonne heure, pour que l'albumine elle-même soit traversée par l'essence et pour ainsi dire ramollie.

Nous trouvant dans cette condition, il faut verser sur le verre choisi une petite quantité du vernis, que l'on liquéfie légèrement à la flamme de la lampe à l'alcool. On retire l'épreuve de l'essence et on éponge vivement entre deux feuilles de papier Joseph ; on applique alors comme devant le côté albuminé sur la concavité du verre, et on termine le collage en forçant l'adhérence par l'emploi du pouce. La même manœuvre que plus haut sera donc faite, en ayant soin de ramener l'excédant retiré sur le verso de l'albumine.

Le phénomène suivant se produit : l'essence attirée par le baume et la chaleur du verre, mais dont elle est séparée par la pellicule d'albumine, dissout cet excédant qu'elle ramène dans l'intérieur du papier.

Une fois satisfait de la façon dont vous aurez fait s'unir le papier au verre, vous placerez le tout dans une boîte ou un tiroir, à l'abri de la poussière.

Vous serez obligé d'attendre, et c'est là pour moi le plus grand inconvénient, d'attendre, dis-je (vingt-quatre heures et quelquefois plus), que le vernis soit parfaitement sec. Ce n'est qu'alors que vous pourrez procéder au nettoyage. Quant à la transparence, elle vous donnera toute satisfaction.

Du coloris.

Nous allons aborder maintenant la question du coloris.

Je vais être ici obligé de ne donner que quelques notions générales. La peinture ne s'apprend pas en quelques lignes et le goût devra suppléer aux petits détails que ce petit traité ne peut embrasser.

Avant de se mettre à l'œuvre, il faut faire la revue de son outillage, qui, répétons-le, doit être bien en état et présenter toute la commodité désirable.

Comme l'on doit opérer sur du papier albuminé, il sera bon de préparer d'avance un peu d'eau gommée.

Pour l'obtenir, vous mettrez dans un verre d'eau un morceau de gomme arabique bien blanche et moitié de cette quantité de sucre candi. Vous remuerez pour bien faire fondre le tout et y ajouterez alors quelques gouttes d'eau alunée à saturation. Avec une baguette de verre, vous agiterez le mélange, afin de le rendre aussi complet que possible.

Ayez en outre deux verres d'eau, l'un servira tout simplement à nettoyer les pinceaux, et le second à prendre la quantité suffisante pour délayer les couleurs.

Comme on opère quelquefois sur des épreuves un peu graissées par le contact des mains, il sera bon d'y passer un linge imbibé d'alcool et de mettre dans son pinceau ou dans la couleur la vingtième partie d'une goutte de fiel.

Nettoyer l'épreuve avec la salive est encore le meilleur moyen.

Je ferai remarquer qu'en tout travail de coloriste, on ne doit jamais laisser les pinceaux s'humecter plus haut que le poil. L'inconvénient en est grave, en ce sens qu'il ramollit le tuyau de plume, desserre le pinceau, et finalement peut en faire s'écarter les poils de leur centre commun; de là, disparition de la pointe, sans laquelle le travail ne peut se faire dans les parties délicates.

On se placera près d'une fenêtre, non pas sur le côté comme dans le coloris ordinaire, mais bien en face, pour que la main puisse élever et abaisser alternativement le verre et laisser juger du travail par transparence.

Ayez au besoin le *stirator* ou châssis mobile à retoucher les clichés; l'emploi en est facile, commode et surtout moins fatigant pour la vue, puisque la planchette supérieure relevée projette sur les yeux une ombre douce et leur laisse toute la puissance pour deviner et compléter les moindres traits et lignes du portrait.

Pour vous servir de l'eau gommée, vous en prendrez, avec une baguette ou un tuyau de plume, la quantité nécessaire, dans laquelle vous délaierez votre couleur et laisserez sécher avant de vous en servir.

Ce que j'ai dit s'applique à toutes les couleurs, sauf la gomme-gutte et le vert de vessie qui ne demandent que de l'eau pure.

Les laques diverses, le bistre et presque toutes les ocres demandent, au contraire, un peu plus de gomme.

Avant d'aller plus loin, préparons l'épreuve du dessous, sur laquelle nous devons empâter et mettre la masse des couleurs qui se reflèteront sur la première.

Si vous n'avez pas fait de décalque, ayez deux

épreuves identiques. (J'appelle *identiques* les épreuves tirées du même cliché, et non sur un cliché double obtenu par un binoculaire. Dans ce dernier cas, je dirai deux épreuves du côté gauche ou deux épreuves du cliché de droite.)

Placer sous la première qui a été collée, la seconde, de manière à ce que les traits des deux portraits se rapportent exactement. Découpez-la alors sur la circonférence ; cette épreuve sera ensuite collée sur le troisième verre, avec de la gomme arabique un peu forte. Avant qu'elle ne soit abandonnée au séchage, vous surappliquerez le premier verre, et tâtonnerez en repoussant l'épreuve tantôt à droite ou à gauche, tantôt de haut en bas ou de bas en haut, jusqu'à ce que le tout, verres et portraits, concordent parfaitement. On doit apporter beaucoup de soins à cette partie qui paraît peu importante, et dont on verrait tous les inconvénients, lorsqu'il s'agirait de l'encadrement.

Attaquons franchement le coloris, en indiquant la série successive des différentes parties et séparant le travail entre l'épreuve du dessous et celle du dessus.

Coloris de l'épreuve du dessous.

Ce coloris est le plus essentiel à bien comprendre ; c'est affaibli et lumineux qu'il arrive à la première épreuve. Évitons donc les taches noires ou blanches produites par le pinceau et qui ne manqueraient pas d'apparaître identiques, le portrait terminé.

Nous devons empâter sans crainte, mais toujours d'une façon unie et régulière. C'est une mosaïque de teintes heurtées, mais vigoureuses, que l'on ne fond un peu que dans les parties fuyantes du visage.

Les fonds.

Ici, suivant le goût de la personne, on conservera le fond blanc de l'épreuve photographique en dégradé ou le fond noir ordinaire.

Pour les portraits sur fond blanc, j'engagerai à mettre autour de la tête, en fondant vers les bords, une légère *teinte d'outremer*, ou *bleu de Prusse* avec *blanc d'argent* qui donnera plus de relief et de douceur.

Je donnerai toujours la préférence aux fonds noirs qui, eux, viendront, par un travail bien entendu, aider à la vigueur des lumières et au charme de la physionomie.

Le fond d'une tête doit être, dans la partie éclairée, beaucoup plus chargé de couleur que la partie en lumière de cette tête et plus clair que les parties du portrait sur lesquelles existe l'ombre.

Nous mettrons donc un fond obscur, mais chaud de ton, si la carnation est légère, et un fond clair, grisâtre et vaporeux, si les chairs sont d'un ton chaud et vigoureux.

La première épreuve venant forcer la teinte, par la couleur grisâtre du fond naturel de la photographie, nous pouvons donc ne mettre que la couleur qui serait combinée avec le gris.

Ainsi, pour les fonds bruns, nous prendrons la *terre de Sienne brûlée* pure. Plus chaud de ton, nous remplacerons la terre de *Sienne* par de la *laque* et une pointe de *brun de Mars*.

Les bleuâtres se feront soit au bleu de Prusse ou à l'outremer avec un peu de blanc d'argent.

Pour unir ces différents fonds sur le papier albuminé, travail qui de prime-abord paraît très-difficile, on laissera sécher un peu la couleur, et, avec une de ces brosses qui servent dans la peinture à l'huile, on tamponnera avec soin, en conservant, lors du choc, le pinceau bien perpendiculaire à la surface à unir.

Cette façon d'opérer permet de fondre intimement les teintes et de revenir plus facilement, lorsqu'on veut forcer ou adoucir certains endroits. — On doit, avant tout, bien ménager les traits extérieurs pour conserver intact la silhouettte du portrait.

C'est à l'instinct et à l'intelligence de l'artiste qu'il appartient de déterminer la teinte exacte qui conviendra le mieux pour faire valoir les carnations.

Des carnations.

La deuxième épreuve remplissant exactement les

fonctions de l'ébauche d'un portrait à l'aquarelle ordinaire, je vais, autant qu'il est possible dans un ouvrage aussi restreint, indiquer ce travail d'ébauche.

Nous commencerons par passer une teinte de cobalt ou d'outremer, additionnée d'une pointe de laque carminée sur les parties transparentes des ombres et aux endroits où la finesse de la peau laisse entrevoir le réseau des veines. J'indiquerai, entre autres, les paupières inférieures, les veines, la cornée de l'œil, la naissance des cheveux et les ombres des objets et vêtements blancs, comme bijoux d'argent, dentelles, guimpes, parties visibles de la chemise, etc., etc.

Sur les chairs, nous allons passer un ton local composé *d'ocre jaune, laque carminée* et un peu de *rouge de Saturne.* En mettant cette teinte qui ne doit pas être trop foncée, on doit avoir le soin de ménager les yeux.

Sur les joues, vous augmenterez l'intensité de la couleur par le rouge de Saturne que vous mettrez aussi sur le bord des lèvres, l'intérieur des narines, l'arcade sourcillière supérieure, le bout des doigts et les articulations des mains.

Les paupières seront ébauchées avec rouge de Saturne mélangé d'un peu de brun, ou, suivant la vigueur du portrait, avec un peu de carmin et d'ocre rouge. Le dessous de la paupière supérieure est toujours un peu jaunâtre.

Les carnations sont tellement différentes les unes

des autres, qu'il faut laisser une grande latitude et ne poser aucune règle générale. Chacun voit la couleur à son point de vue ; les plus grands maîtres ont un coloris adopté. Ce n'est donc que par l'expérience et l'habitude de comparer que l'on peut arriver à un résultat parfait.

La force du modelé devra toujours être subordonnée à la couleur et à la valeur du fond, ainsi qu'à la couleur des étoffes et accessoires les plus rapprochés des chairs.

Voici, d'après les données les plus usuelles, les teintes usitées pour les commençants en peinture :

Teintes vertes pour dessous d'ombres :

Terre de Sienne brûlée et outremer, ou Sienne naturelle et outremer.

Violâtre :

Rouge Mars et outremer, ou vermillon et outremer.

L'à-plat général de chair se fait avec vermillon et ocre jaune,

Ou terre de Sienne brûlée et laque rose,

Ou rouge capucine et ocre jaune.

Si l'individu était pâle, il suffirait d'affaiblir les teintes. Si, au contraire, on avait affaire à un teint méridional, on forcerait à la terre de Sienne brûlée. Pour une teinte de vieillard ou de vieille femme, il sera bon d'ajouter au mélange un peu de sépia, qui donnera alors un ton tirant sur le grisâtre et indiquera bien ainsi le peu de sang courant à sa surface.

La bouche se fera avec du vermillion cru, en ménageant le bord des lèvres, qui par le jeu de la lumière se trouve toujours moins foncé.

Cheveux.

Les cheveux se feront par une teinte plate ainsi que la barbe. On ne donnera un peu de lumière que dans le sens de leur arrangement.

Les cheveux blonds se feront avec de la terre de Sienne naturelle et du brun Van-Dyck. Les ombres, en ajoutant à cette dernière couleur un peu d'ocre rouge. Les lumières avec de la terre de Sienne naturelle et du blanc d'argent.

Les cheveux bruns se feront avec du brun Van-Dyck ou de Madère, de la terre de Sienne brûlée et un peu de sépia.

Pour les cheveux noirs, on mettra une teinte plate de cobalt et de noir de lampe; les lumières, du cobalt, du blanc d'argent et un peu de sépia colorée.

Quant aux cheveux blancs, il ne faudra que simplement teinter les ombres avec un gris bleuté.

Vêtements.

Pour les vêtements, le travail sur l'épreuve que nous tenons se fera en appliquant largement une couche de couleur crue de la teinte désirée, les lumières et les ombres étant formées par l'épreuve supérieure.

On doit ménager attentivement les bijoux et ornements, auxquels on donnera pour l'or une couche empâtée de jaune minéral ou de jaune d'or sans avoir égard à l'ombre.

Entrer dans plus de détails serait bien difficile. Les sujets sont tellement variés qu'il faut laisser beaucoup à l'appréciation, et je pense que ces quel-ques données, modifiées selon les besoins, suffiront largement comme premiers principes.

Coloris de l'épreuve du dessus.

L'épreuve collée à la cire est celle pour laquelle la légèreté du pinceau devient indispensable. Nous n'aurons ici que quelques traits subtils à reprendre avec la pointe. Je vais donc prendre un sujet, blond je suppose, dont le dessous est déjà prêt.

Les cheveux, par lesquels nous allons commencer, se feront avec une teinte plate transparente de terre de Sienne brûlée, mélangée d'un peu d'ocre jaune. J'appelle teinte plate transparente l'eau à peine colorée. On foncera dans les ombres avec un peu de Sienne brûlée. Les lumières se feront par petites lignes de jaune de Naples, qui devront suivre l'indication des reflets. Les sourcils s'indique-ront par une teinte plus forte que celle des cheveux.

Toutes les ombres de chair se feront avec Sienne brûlée mélangée d'un peu de laque, en tenant compte de l'intensité des ombres pour l'épaisseur de la couleur à appliquer.

Les yeux bleus demanderont cobalt et blanc d'argent. Une ligne de blanc d'argent et cobalt indiquera la partie éclairée avoisinant la prunelle, et le point visuel se fera avec même mélange placé délicatement par la pointe du pinceau.

Les lignes de paupières seront reprises avec un peu plus de laque, ainsi que l'intérieur des narines, la partie interne des oreilles et le dessous du cou.

La bouche avec vermillon et laque rose. Cette dernière couleur très-étendue d'eau pourra servir à pointiller finement les pommettes.

Tout le détail d'ornements sera repris dans sa couleur et ses ombres particulières. Par application successive d'une épreuve sur l'autre, on se rendra compte à chaque instant de l'effet produit et de la trop grande force ou faiblesse des teintes posées.

Pour le vêtement, la teinte sera la même que celle du dessous, seulement largement étendue. Le détail seul pourra être fait à la couleur épaisse.

Les ombres seront reprises par un peu de brun de Madère et de bistre ou bistre seul, à moins que le vêtement, qui peut être une robe blanche, n'exige alors une teinte bleuâtre.

D'après ce qui précède, l'on voit que la première épreuve est, sauf les détails accentués, la répétition de la seconde, et que la seule différence est que la couleur employée est largement étendue d'eau.

Voici, comme facilité, la liste des couleurs diaphanes d'une vivacité de ton se rapprochant des couleurs vitrifiables et dont il est, par suite, préférable de se servir, soit seules, soit combinées entre-elles :

Indigo, bleu de Prusse, vert de Prusse, vert de vessie, carmin, laque carminée, laque brûlée, Sienne brûlée, Sienne naturelle, gomme-gutte.

Les autres couleurs provenant de minéraux et de terres sont d'une application plus difficile dans les tons pâles.

De l'encadrement.

Je ne parlerai pas des cadres, dont la forme, la matière première et l'ornementation est affaire de goût personnel.

Je veux seulement parler de leur ouverture et de la façon dont on préparera le portrait pour l'y placer.

L'ouverture du cadre devra être par derrière de la dimension exacte des verres ovales bombés employés, ne donner au plus qu'un millimètre de jeu en tout sens, ce millimètre devant être comblé. La partie de face sera garnie d'un cercle qui mordra par sa surface interne de deux à quatre millimètres sur l'ouverture primitive, selon la grandeur du portrait.

Je donne les dimensions ordinaires sur lesquelles

on pourra se baser lorsqu'il s'agira de sujets plus
ou moins grands.

Que ce mot de grandeur ne semble pas exagéré,
lorsque l'on parle photo-miniature. Un de nos amis,
peintre photographe en Espagne, a poussé l'application de ce procédé à la confection de portraits
grandeur nature, sur des glaces de 70 centimètres
de long sur 50 centimètres de large. La valeur des
essais est, en ce qu'ils ont donné une réussite assez
inespérée pour lui faire presque abandonner le
coloris par l'aquarelle et la peinture à l'huile.

Pour terminer entièrement le travail, vous inter-
calez entre les deux verres sur lesquels vous avez
peint, le troisième verre que vous ramenez, de façon
à faire concorder sa circonférence avec celle des
deux autres. Au moyen de légères bandes de papier
enduites de gomme, vous les maintenez formant un
tout de triple épaisseur.

Vous profitez du moment où la colle commence à
sécher pour placer les deux épreuves bien en regard
l'une de l'autre, de façon à ce que tous les traits de
la première se confondent méticuleusement avec
ceux de la seconde. A siccité parfaite, vous gar-
nissez les bords, soit en collant sur tout le pour-
tour, une bande de papier végétal ou du papier
ordinaire. Le meilleur est du papier à papillotes,
qui, quoique très-mince, est très-tenace et d'un
emploi qui ne présente aucune difficulté lorsqu'il
s'agit d'en ramener les plis.

Un papier noir placé derrière le troisième verre,

complétera l'œuvre, en amortissant le reflet que produirait au jour la blancheur du papier de l'épreuve inférieure.

Rognez tout ce qui dépasse la surface du premier verre, nettoyez avec eau et alcool, et donnez un coup de peau. Il ne reste plus qu'à mettre dans le cadre, maintenir par des épingles, des crochets ou des bandes de papier et

Finis coronat opus

que je traduirai par bonne satisfaction pour l'artiste si mes conseils lui ont été utiles et en lui souhaitant un pinceau plus léger que le style de l'auteur.

PRIX

PRODUITS ET ACCESSOIRES

En terminant ce manuel pratique, je crois qu'il est de mon devoir d'amitié et de reconnaissance de recommander à tous ceux qui, comme amateurs ou autrement, entreprendraient la photo-miniature, la maison de fournitures photographiques de M. Baur, 8, rue de Valois, Palais-Royal.

C'est grâce à sa bienveillance et à tous les soins qu'il a pris de se procurer des produits aussi purs que possible, que je dois d'avoir mené à bonne fin tous mes essais.

Qu'il reçoive donc ici mes remercîments bien sincères, et me permette, en mettant un peu le nez dans ses affaires, de parler des produits et accessoires dont, bien égoïste, il a accaparé le monopole.

Produits.

Baume de Canada, le flacon de 50 grammes. . .	2 fr.	»
Baume de Canada, le flacon de 100 gr. . . .	3	75
Essence de térébenthine rectifiée, le litre. . . .	2	75
Essence de lavande, le litre.	15	»
Blanc de baleine épurée, le killogramme. . . .	9	»
Alcool à 40 degrés, le litre.	3	50

Accessoires.

Lampe à esprit-de-vin et trépied. . . . .   3 fr. 50
Capsules en porcelaine : de 12 cent., la pièce . .   1   50
     id.   de 14 id.   id. . . .   1   75
     id.   de 16 id.   id. . . .   2   50
     id.   de 19 id.   id. . . .   3   »
     id.   de 22 id.   id. . . .   4   »
Bain-marie en cuivre à recouvrement (modèle dé-
posé).   18   »

Les verres qui sont vendus de la forme et de la grandeur désirées, proviennent d'une commande spéciale à la manufacture de Bagneaux. Ils sont extra-minces, de premier choix et d'une netteté parfaite.

Les grandeurs courantes sont aux prix suivants :

N° 1, carte de visite, la douzaine . . . .   2 fr.   »
N° 2, 1/6 de plaque,   id.   2   »
N° 3, 1/4 de plaque,   id.   3   50
N° 4, carte-album,   id.   5   »
N° 5, 1/2 de plaque,   id.   7   »

Les cadres que l'on trouve toujours prêts, ont les désignations suivantes :

CADRES.

Grandeur verre n° 1.

Bois noir vernis, la douzaine. . . . .   18 fr.
Bois et perles,   id.   24
Cuivre doré, châtelaine, la douzaine.   30

EN VELOURS.

Jonc vif carré, la douzaine. . . . . 36 fr.
Perles,   id.. 42
Jonc mat.   id.. 48

Grandeur verre n° 2.

Velours perles, la douzaine. . . . . 42 fr.

Grandeur verre n° 3.

Jonc vif carré, la douzaine. . . . . 48 fr.
Velours perles,   id. 54

Grandeur verre n° 4.

Perles ovales, la pièce. . . . . 5 fr. 50
Jonc mat,   id. 8   75

Sur mes instances, M. Baur a commandé à la maison G. Rowney, de Londres, des couleurs moites spéciales pour le travail de photo-miniature.

Ces couleurs, qui ont subi un double broyage, sont plus fines, plus brillantes et s'étendent plus uniment sans laisser aucune granulation.

Elles ont l'avantage d'offrir plus d'éclat et de durée que les autres couleurs, pas de déchet et une conservation pendant un temps illimité.

La boîte complète de douze godets avec pinceaux coûte 16 fr.; seulement, les personnes possédant déjà des couleurs ou des boîtes, pourront demander les teintes et couleurs diverses, qui se

vendent, suivant la qualité, en godets et demi-go-
dets et quarts de godets.

Les prix sont les mêmes que ceux des marchands
de couleurs, avec le bénéfice de la qualité.

Nota. — J'enverrai pour mon compte des échan-
tillons-types sur demande, aux prix :

Avec simple cercle mobile, doré . . . .   7 fr. 50
Encadrement complet. 11   »

Les portraits seront, si on les désire conserver
comme modèles, simplement présentés, pour éviter
tous risques de détérioration. Les portraits à façon,
de 10 à 30 fr., sans cadres, suivant la grandeur.
L'encadrement s'ajouterait à ces prix, d'après le
tarif indiqué plus haut.

TABLE

PRIX

Paris. — Imp. Émile Voitelain et Ce, 61, rue J.-J.-Rousseau.